stjernekastere og fusere

Fortællinger i

DIGTE OG KORTPROSA

BOOKS ON DEMAND

DIGTE OG KORTPROSA

© 2020 - Anne Jørgensen Lilleager
Tekst og ideer er underlagt copyright

Omslag: Anne Jørgensen Lilleager

Forlag: Books on Demand GmbH -
København, Danmark

Tryk: Books on Demand GmbH -
Norderstedt, Tyskland

ISBN: 9 788743 026303

Digtene og prosatykkerne er inddelt i fire kategorier uden skarp afgrænsning:

1. del, fabulerende digte og rim

2. del, overvejelser og fjollerier

3. del, udpluk af ungdomsdigte

4. del, kortprosa

Hvert digt og prosastykke er et udtryk for noget, der har bevæget mig. Måske kan lidt af det videregives til fantasi og fornøjelse for læseren.

fabulerende digte og rim

© Efterår

Bladet
flyver

hvirvler
rundt i vinden

hjemsted
hvirvles væk

mod horisonter
ingen kender

© **Sommerfugletræ**

Sommerfugle

flagrende

danser

om hinanden

fest i farver

hver til sit

dykker

leger

letter

flagre væk

i solen

© Øjeblikke

Midt i det grønne
er gule, røde og hvide juveler
og himlen er blå

Træerne duver
fuglenes travle snak
lytter til ungerne

Vi går her
og er en del af nuet
af det stadige øjeblik

© Isolation

En udlænding
i sit hjemland

Et barn
i de voksnes verden

En glasrude
hvor indersiden af hænder ses
men aldrig mødes

Måske lukker de først op i morgen

© Drøm

Jeg drømte at
mit liv var en illusion
et aftryk i computerens harddisk
slettelig ved en tastefejl

Så vågnede jeg heldigvis
og bildte mig noget andet ind

© Håbet

Aftensolen
gløder i findelt skumsprøjt

Horisonten
vugger godnatsang for børn
mod lyset i morgen

Bølgerne
leger med vinden

leger med båden

© Et liv

I et åndeløst sekund
stod tiden stille
splintredes
uendeligt
uoprettelig

og fortsatte
som var intet hændt

Græsset voksede
på overfladen

© **Kommunikation**

Uudgrundeligt
reflekterer dine øjne
en unik
og utrolig verden

Jeg
bobler over
af glæde
og forbløffelse

fortabes
i det uudforskede
du og jeg

Du ser på mig
igen
men ser du mig?

Jeg skrumper ind
du mister betydning

Du deklamerer
til dit spejlbillede,

lægger planer
indbefattet mig

Du flyder væk
i lange sigende kunstpauser
mellem small talk
og banaliteter,
der ikke tåler input

som giver de
ridser i dit spejl

Gab

Jeg går

Du sidder alene
med dit spejlbillede

forvirret
fordi du opdager
publikum går

egoisten går

© Flyttekasser

Mit liv lå en dag i 37 flyttekasser
som endelig blev pakket ud
og stillet anderledes sammen
i en komposition af tab
og ny begyndelse

© **Lykkestund**

Barnet og jeg
vi sad bare der
i ly for stormen

Vi hyggesnakkede om vigtige ting
og tændte et lys af varme

lykkens minutter
mistede sin tidsgrænse

Lyset varmer endnu

© **Bobler**

Sæbebobler
mod himlen
i regnbuens farver
brister

jeg fanger min boble
mit liv
min historie

fra usynlige steder
dukker
fortid, fremtid
og nutid frem

uden dimensioner
uden kronologi

i min boble
er mennesker
jeg mistede
lyslevende

men jeg kan ikke
fange deres boble

© *Ingen titel*

Glatter og glatter,
kan ikke finde de rigtige folder

Vil lige lægge en fold,
jeg ved hvor er ---

© Indsigt

Barnet
rækker ud efter blomsten
og ser
valmuens store røde kronblade
falde af frøkapslens mysterier

© Skyen

Oppe på skyen tænkte hun,
da hun så ned over afgrundens
ubestemmelighed,
at hun ville vælge at være lykkelig

© **Stilhed**

Stille efter dagens travlhed
lister solen ned bag alt det grønne

silhuetter hvisker i det fjerne
om mystik
i nattens dyb af drømme

© **Aftentur**

(haiku)

Blade af kobber
fra somre i storhedstid
ligger i græsset

blanke af regnen
i skæret fra lygterne
mørke mod lyset

© **Drømmedigt**
(efterår)

Tør nu de blanke tårer bort
og se at solen smiler,
snart bliver træet koldt og sort,
når efteråret iler

Det giver blæst det efterår
og blafre gyldne blade,
de drysser snart som sne og står
i bunker på min gade

Og himlen males lys igen
mens solen langsom glider
med styrken, hvor den rejser hen
til klodens varme sider

Så trækker jeg gardinet til
og tænder for min varme,
i hyggestund i stuen vil
jeg skrive ved min arne

© September

Som gule lanterner
i trækroners toppe,
er bladene stjerner,
der lyser deroppe.

Og snart vil de drysse,
vil jorden forgylde.
med ravgult og umbra
kan farverne trylle.

De hvirvler i vinden,
vi trasker i skoven,
mens trækfugle pakker
en kuffert foroven.

© Kobberblade

Solens stråler
falder ind i dråber

Diamanter
sidder på et kobberblad

Guldberandet
efterår

© Snefnug

Sneen daler over mark og huse
snefnug former ord til eng og byer.
Små krystaller fra en fjern kryptering
taler tavst et rigtigt eventyr

© **Hej**

Ensomme mennesker i kulden
mødes på gaden
nikker og smiler
et smil
der varmer for dagen

© Vinterhi

Indtil videre
er en hule mod snestorm
værd at være i

© **Grå regn**

En ny dag dukker op
drypper fra himlen
våd og kold
forstøver

dagen gider heller ikke at stå op

© Aften

Aftenen sænker sig

over tanker

og indtryk

maner til ro

Hunden sover

drømmer om kødben

og den formastelige kats

ubehøvlede sprog

Egoets begrænsninger

forsvinder

bag ucensurerede drømme

© **Smerte**

Stilhed sænker sig
over en labyrint af fejltagelser

det sårede dyrs gråd
lyder fra et sted
hvor det blev væk

© Illusion

Løvet
griber efter solen
efter drømme

hvisler
i vinden

lukker sig til natten
i mørkets silhuetter

© Sommer

Drikker af den friske luft,
mens den grønne sommer duft
giver ilt til livet

Mærker duft af snarlig regn;
himlen viser snart sit tegn,
giver vand til livet

Fuglebadekar er skønt
i støvet jord før regn på skrømt,
sætter smil til livet

© *Engang*

I forelskelsens lys
der brændte af inspiration
skrev jeg digte
nåede højderne i et luftkastel
tonet i tiden

og det gør jeg stadig

ovejelser og fjollerier

© **Et vers**

Se et vers er godt at have
du kan få det på din mave
og gå rundt og lege pave
når du intet har at lave

Det kan stå på dine kinder
også der hvor næsen skinner.
Verset i dit hoved finder
ingen, for kun du det kender

Du kan bare gå og rime
klippe i det eller lime
tegne dig en fiskestime
med en klokke, der kan kime

Når du verset har placeret
skal du bare være blaseret
og gå rundt som konfirmeret
som en stor og ny friseret

© En laks

En laks sprang op mod strømmen
i bjørnens åbne gab

En fiskers fangst blev snydt til
den store bjørneflab

Balancen i naturen
fik ikke noget tab

© **Mariehønen og Søren Snegl**
(vrøvledigt)

Mariehønen Evigglad
med sneglehus på ryggen sad
mens Søren Snegl fik vinger på,
og sådan påklædt sku' de gå

Og sådan fløj de på besøg
de hilste pænt på fugl og frø,
lidt bladlus og lidt nektar fik
med gulerod de med som slik

Så smed Marie ud sit hus
og Søren smed sit vingesus,
de tog på Camping begge to
med kun et hus og seks par sko

Morale kan man ikke få
logikken må man gætte på
men har du set et hus med sko
og vinger på, hvor man kan bo?

© **Far og søn anno 1914**
(rim og ungdom)

1) Oh kære fader lad mig gå
i krigen hen at vandre
jeg vil en rigtig trøje få
og være med de andre

En uniform er stort at ha'
med hjelm, gevær og lanse
kasket skal jeg ha' på hver dag
om aft'nen vil jeg danse.

2) Min kære søn la' vær' me' det
du har det bedre hjemme
i krigens front kan alting ske
du oplever det slemme

For dine venner de kan dø
der dræbes fra kanoner
i krigen er der ingen mø
og ingen dans på roser

3) Men alle andre kære far
går stolt i krig for landet
vi bliver mænd den sag er klar
og lærer meget andet

Og når vi hjem fra fronten når
er pigerne til stede
vi stor beundring fra dem får
når vi skal dansen træde

4) Min kære søn men inden da
vil du i krigen være
i skyttegravens mudderklæg
med død omkring dig kære

Måske du aldrig kommer hjem
og mor og jeg vil græde
og altid bærer sorg min ven
i det er ingen glæde

5) Min kære far du ej forstår
at jeg for landet kæmper
og jeg medaljer mange får
som sorgen for dig dæmper

Jeg har besluttet mig og fluks
jeg skriver til jer snarest
jeg er jo ik' en bangebuks
der ta'r det som er rarest   *(fors.)*

6) Farvel min søn så lad da gå
trods uro stort mig nager
de fremmed' magter må du slå
så de ej mer' os plager

Jeg hilser mor og hun får trøst
du kæmper for os alle
imens du drager ud mod øst
vi dagene vil tælle

© Strejf af vemod

Følte et strejf af vemod
over al det de mistede
i det de ikke fik set og oplevet

dem der selv sagde farvel
og lukkede livets dør bag sig

kunne jeg bare sende dem et brev
eller snakke
fortælle om det nuværende

jeg mistede
Ved de det?

© **Strengenes symfoni**
(*billeddigt*)

Han sidder der og spille på sin lille mandolin
en står og spiller cello og en anden violin
et strengespil fortoner sig mod himlens univers
jeg sidder opp' i træet så jeg ikke er på tværs

Nu løfter jeg min vinge og jeg flyver opad op
forbi fru Jensens tørresnor langt væk fra træets
top
på skyerne jeg sidder lidt, her sidder jeg så blødt
jeg svæver gennem stjerner som jeg aldrig før
har mødt

Et samlet billed' rummer alt, på en gang jeg det
ser
det' fattigdom og rigdom, børn og gamle, unge,
fle'r
jeg svæver rundt om jorden - hov der er en
klippesats
jeg ryger i en afgrund og bli'r ganske ganske
kvast

En vigtig streng er sprunget og det lyder med et
smæld
som hele verdens undergang er samlet i min
sjæl
jeg ser mig om og børster mig og pudser mine
fjer   *(fors.)*

50

så rejser jeg mig op af sølet, hvad er det der
sker?

En kontrabas gav larmen og sku' lave lidt tju
bang
den hørte ikke til men gav et ekstra supplement
og mandolinens ene streng den sprang i
glædesrus
Så nu er jeg tilbage på min gren, blot lidt konfus

© Something is rotten in state of Denmark
(En meta-historie)

1.
Hør, en sonet for mig er svær at skrive,
for jeg har aldrig prøvet formen før,
mon man en rigtig digter skulle blive,
hvis man som Shakespeare denne genre tør?
Han stjal vist nok en del fra nogle venner,
som tilgav ham der var berømt poet,
han skrev om Hamlet fra historiens gemmer,
og bravt fortalte han hvad der var sket:
– Som dansk en prins er født, der har han
hjemme,
og somthing rotten er i stat og slot!
Fra Shakespeare hørte vi om Hamlets stemme,
der ville slå ihjel sin moders drot.
De hårde tider ligger under mulde,
de ligger dog ej stille som de skulle.

2.
Nu kunne jeg med pen, gevær og lanse
fortælle lidt om krig der er og var,
om flygtninge man aldrig helt kan standse,
om rædsler hvorpå ingen har et svar,
om nye spirer fra de onde rødder,

og om global og frygtet attentat,
men uanset mit hjertet af det bløder,
så er jeg ikke nogen god soldat,
lidt penge til de ramte kan jeg klare,
men bliver i mit lille Helsingør,
beundrer næsegrus den lille skare,
der drager ud, gør forskel, og de tør.
Jeg glædes parallelt ved Danmarks sommer,
der bugner fuld af liv før vint'ren kommer.

© **Fragmenter**
(Lidt sød romantik)

Hun lærte at en kolibri ikke kan flyve
at den gjorde det alligevel
og at fugle synger uden noder

Hr. solsort sang
af ren livsglæde
fandt ideel akustik
udvidede poesiens horisont

Der var blomster over hele græsmarken
vilde blomster
dufte af gule mælkebøtter
de blev små skærme
bitte små nye mælkebøtter
parat til at flyve ud i verden
mælken fra stilken
var ikke til at vaske af
hvis man fik det på hænderne

- fandens mælkebøtter
sagde de voksne
- de frø sætter sig hvor som helst

Tusindfryd
med hver deres lille sol i midten
omkranset af
lysende hvidhed
som solens mange stråler

54

i en barnetegning
lige til at plukke
og lave blomsterkranse af

Valmuens store røde kronblade
faldt af frøkapslens mysterier
når hun rakte ud efter den

Hun skilte hver blomsterart ad
ville se mysterierne
og fik en teknisk forklaring i en bog
blomsterbund, bægerblade, kronblade,
støvdragere, frugtanlæg

Ovenover dannede skyerne formationer
i vindens tilfældigheder

Fra kirsebærtræet i haven
dryssede snehvide blade
i en rundkreds omkring hendes verden

Erindringens kærlige omfavnelse
fra dengang
der var meget
hun heller ikke vidste

© **Den gule farve**
(oktober)

Den gule farve i solen
lysets bløde hvidhed ind ad dit vindue

Et væld af gule blade gør vidderne store,
giver et strejf af vægtløshed.
Hvor går alting hen, når det bliver efterår?
Himlen kommer lidt længere ned til jorden

Okkergul hvede
Gule huse med islæt af umbra eller glød
Grågrønne penselstrøg på okkergule stråtage

Det gyldne rav ligger på stranden som stykker
af solen
- Fosiler fra fyrtræer, der for årtusinder siden
svedte og dannede harpiks.

Guldet glimter
det hellige og det ophøjede
det misundelsesværdige
galdens gule falskhed.

Stjernerne er hvidgule, lysende planeter
i skæret af lyset fra solen
Trækronerne står i et gult lyshav
fordi det er efterår.

© **Skraldehjerne**
(*bad mood*)

Der ligger en skraldehjerne
i et hjørne af mit hoved
med affald
der ikke blev smidt effektivt ud

Undertiden dukker det op
i uopmærksomme øjeblikke
på vejen tilbage i tiden

Så samler jeg affald
ikke til at indkapsle
ikke til at destruere

men som refræn af en uønsket melodi
der ikke vil ud af mit hoved

Jeg går som en hjemløs
indtil jeg finder
en affaldscontainer
for gamle fornærmelser

© Alene hjemme
(et barns separationsangst)

Månens hvide slør
på køjesengen
dobbeltsengen
spejlet
og kommoden

hun ligger musestille
sanserne er skærpet
hjertet dunker

lillebror på to år vender sig i underkøjen
og sover videre.

sekunderne tikker
hun lytter

forældrenes
kendte stemmer
og skridt i natten

lettelse
hun tør røre sig

©Hænder

Hænder skelnes lige så let som ansigter
gengives i hukommelsen
millimeter for millimeter
som et elsket ansigt

Hænder er

- fingerspidsernes unikke følsomhed,
fingeraftryk til personregistret
og underskrift for analfabeten

- de døves talerør
de blindes syn

- hjernen og
sindets redskab
der adlyder tanker
og følelser
som en del af en helhed

- formen
den yndefulde
den postulerende
den markante
den kærlighedsgivende
den hårdtslående

- indholdet med stregerne
inde i hånden
der spår om fremtiden
forudsat at osv.

- dualismens bedste symbol
venstre og højre
feminin og mandig
samhørighed
den anden hånd
er modsat den første
altid

Dine dejlige hænder
giver varme og liv
til hver en afkrog af mit sind
og min krop
i gengældt kærlighed

Under huden
forenes en menneskehed
adskilt af hænder
af ansigt
af krop

©Sandslottet
(voksen-separationsangst)

Porten åbner sig
foran dig
og lukker sig
bag dig

du er et sandkorn,
som solens stråler skinner i
et sandkorn af et homogent sandslot ved havet

du falder udenfor
en tid
og porten glider lukkende i bag dig
havet gør dig til fremmedlegeme

du banker på porten
og bliver forstødt fra massen
som det fremmedlegeme, du er

sandslottet skifter form
smuldre for dine øjne
som en illusion

dine fodspor bliver dækket af forandringerne
i sandet ved havet.

Havet overdøver dine ord   *(fors.)*

- Lytter måske
når du laver nye fodspor

Ordbrud fra min altan
(iagttagelse lige før regn)

Biler
bag
grønne træer
glimter i solen

Blæsten bryder
i tørre tårer
mod jorden
varsler opbrud
regn

To børn
løber på løbehjul

Jeg funderer
går amok
i tankespind
som en edderkop
i skjul fra kluden
eller på jagt
efter fluen

Grenene
i deres grønne selskabsskrud
bøjer sig
bukker
inklinerer for vinden
danser i samhørighed

En gråspurv
sætter sig på jorden
utålmodigt et øjeblik
hurtigt forsvinder kattens chance

©**Drømmen**
(lommefilosofi)

Han er alles far
fædres, sønners, mødres og døtres
efter kuppet
hvor Jordens Moder forsvandt i eksil

Det er en mange tusindårig gammel mand
som sidder
og spiser æbler af kundskabens træ
helt alene

Han hører alt
ser alt,
og har uendelig medfølelse og forståelse

Sådan opfattes han,
skønt ingen har set ham

Han er Allah
Jehova
Jesus barnet,
hinduernes visdom,
videnskabernes ledetråd
i al det mystiske.
Han er det primitives liv og ånd
i alle væsner og ting.
Han er digterens poetiske åre
og kunstmalerens inspiration.
Han er alles Odyssé.
Han er selve Paradiset her på jorden
og i al evighed

Han er årsag til
splid,
alle vil eje ham
hver enkelt trosretning

Man slås om hans "rigtige" navn
Der er Ragnarok
i kampen om hans "rigtige" visdom,
om hans mening om den måde,
vi skal leve på

Som selvforkælede, forhærdede
eller forrådte børn
vil vi have,
han kun skal være "vores"
på bekostning af alle andre

Vi vil have magten, æren og evigheden
og tager selv hans velsignelse
med blodsudgydelser
og magtmisbrugets grimme fjæs,
bruger det imod "de andre"

Vi er homo sapiens

Måske
hvis Han ville dele sine æbler
med os
kunne vi få evner
til at konvertere til Humanismen

©Den øde ø
(metafor)

På denne øde ø
må jeg sætte mig
i det højeste træ
på det højeste punkt,
hvor bølgernes hysteriske vanvid,
der vil fortære mig,
ikke kan nå.

Jeg dækker mig med blade
i en hule heroppe,
mediterer over mit næste træk,
for på én eller anden måde
skal jeg overvinde de bølger,
der hele tiden vil vippe mig omkuld

På én eller anden måde
skal jeg blive stærk nok
og have klarhed og overblik.

At prøve kræfter med bølgerne
med de bare næver
og svømmeteori
er døden.

At forvandle mig til
og blive som en bølge
er en tilintetgørende overlevelse
i havets ustandseligt skiftende

og uberegnelige
formationer.

Med opbydelse af alle kræfter
kan jeg så
tænke vinger frem og flyve
og acceptere?

Jeg kan jo ikke i al evighed
have tilhold i hulen

Angående forståelse
(som man ser det)

Stuen er blid
solen skinner på en anden måde
dagen er anderledes
lysere

I haven
rækker små spirer mod lyset
fra sprækker i jordskorpen

På arbejdet
er chefen sur,
har lagt en besked af uretfærdigheder

Indkøb på vejen hjem
"kassemanden" skælder ud
siger indigneret
at jeg skal betale ved kassen og ikke ved
varerne,
for så får han ondt i ryggen af at vende sig
Og nu har han oven i købet sagt det pænt.

Hjemme er stuen blid
Ingen opdagede,
at i haven
sprækker jordskorpen
af kommende liv

(c)**Skelettet**

Engang
rørte jeg ved angsten

et ulækkert
slimet skelet

det
knækkede i knæ
forbavset
og fornærmet

det
smuldrede
og forsvandt
i jorden
efterladende et hul

hullet
forbliver
lokkende og frastødende
og gør mig mørkeræd
som en sidste grænse
for udfoldelse

©Tidevandet
(generationer)

Tidevandet ruller
som flod og ebbe

månen ånder ud og
trækker vejret ind

bølgerne
stiger
og falder

Børnene leger
bare ben smutter over sandet
i solen
ved vandet

de elskede ansigter ældes
ånder ud

vejret trækkes ind igen

børnene leger stadig
med nye elskede ansigter
i solen ved vandet

mens tidevandet ruller

© Sommer

Drikker af den friske luft,
mens den grønne sommer duft
giver ilt til livet

Mærker duft af snarlig regn;
himlen viser snart sit tegn,
giver vand til livet

Fuglebadekar er skønt
i støvet jord før regn på skrømt,
sætter smil til livet

Ærlighed
(aforisme)

Når ærligheden
overrasker
falder den ofte
i mistro

© Små glæder

Små glæder
boblende helt nedefra.

En kaffemaskine med termokande
et etui til mobilen
En lille pige der siger: "Hej".

Blob blob
glæden er ikke til at styre
bobler over
fraktioner af boble forklaringer
som eneste forklaring.

udpluk af ungdomsdigte

© Forglemmigej

En lille blå forglemmigej
tag den og sig ikke nej,
gem den i dit hjerte ind
så den aldrig visner hen

Den er så lille dog så stærk
i farven overmagtens værk,
så ren, så fin som kun de få,
og dog er den kun af de små

Måske du nok vil tabe den
og ikke tage den op igen.
Mit hjerte gav, kun mindes jeg,
en lille blå forglemmigej
AL 16 år

© **Forårssmil**

Et lille smil
de sære ord,
som trylles ud
af forårsjord

En flygtig vår,
den lyse sjæl,
der ånder bag
et kildevæld

Et strengespil,
et instrument
er bare hørt
men ej bekendt

For forårsluft
er bare til
for at forsvinde,
når den vil
AL 20 år

© **Ingen titel**

dag

dug

let

eng

ung

fugt

forår

stemmer

vand

krusning

blå

hvid

spejl

træ

jord

græs

kvæk

træstub

AL 18 år

© **Golgata**

(angst)
Små usynlige rum
af hygge og liv
Den store verden af uro
mod ruden.
Budskaber
sendt fra verden omkring

Stilheden vækker
og boblerne brister.
Ansigters bristede håb
stirre mod stjerner.
Hænder rækker mod himlen
farvet af samme blod

Rummet har ingen tyngde.
Uhørlige råb i natten
grusommere end skriget
stiger fra tavshedens kammer

Jesus kæmper for livsånden
kommer langsomt og træt,
de yderste ædle kræfter
tynges under de tavses vægt,
bøjer hans knæ

Vær stille!
Angsten for skriget taler,
det vil lade Jesus dø   *AL 25 år*

© **Sonic Seasons**
(fortolkning af musikken)

Universel lykke
modstand
medgivelse
mål

Stemning
Kontrast
ro
uro
kamp
orkan
fortvivlelse
sorg
overlevelse

Floden
dalen
brydninger
regnbuen
himlen

Opad
stridende
hvirvlende
planet
mennesker
undersøgende
værende

Jorden
dyr
klagende
forfølgende
hylende
grædende
kaldende

Hjertetakt
tættere
voldsommere
truende

Urskovslyde
stigende
overdøvende

Ekkoet
over lydmurens grænse
i urgammel erindrings
uforløste
evige kor
AL

© En hinde brister

En hinde brister.
Hjælpeløs og nøgen trækker den nyfødte vejret i
en ny verden.
Voksne forstår.

Træer og blomster vokser mod himlen
og afgrunden skjules i græsset.

Snart formes en anden hinde
beskyttende omkring hjælpeløsheden
og skjulende nøgenheden,
som et smidighedens mirakel er den et værn
mod de videndes oversete faldgrupper.

Voksne bliver vidende,
men lader ofte deres viden sidde i hinden,
omformer dennes fine smidighed til et skjold,
til et værn mod ægte viden fra det virkelige liv,
hvor ægte værdier vokser og virkelighed er
styrke.

Skjoldet formes mellem mig og de andre
og mellem dulgte verdner af indre og ydre form.

Vil jeg ud i naturen og se livet
må jeg knække skjoldet.

Når skjoldet i æggeskalsform knækker
kommer jeg ud i en ny verden   *(fors.)*

hjælpeløs og nøgen.
Og voksne forstår ikke.

AL

© **Missekat**

Strækkende
Gab
Listende
Glidende
Spejdende
Krummende
-Aha-
Haps

Siddende
Bøjende
Slikkende
Solstråler
Pelsstriber
Penselstrøg
Ihærdighed

Solfang
Døsighed   *(fors.)*

Mildhed

Søvn

- Ryk -

MAD

AL

kortprosa

© **Mellem jul og nytår ...**

Forsigtigt kikker hun frem mellem træerne, der er belagt med fin sne. Ingen er at se, så der er fri bane.

Et pift høres i det fjerne. Hun drejer overrumplet hovedet og ser en hund galopere mod sig. Piftet bliver højere, og så lyder en bestemt kalden:

- Rufus kan du så komme her!

Hunden registrerer ikke kommandoen, men fortsætter mod noget.

Hun ryster lidt af sneen af sig, stikker armene i vejret som træerne, og sætter håndfladerne hen mod hunden som signal til stop. Hunden standser op et stykke fra hende, strækker halsen opad og kalder med et sigende ulvehyl.

Nu lyder stemmen igen:

- Hvad er der Rufus?

En mand kommer frem bag snemængderne.

Han går hen og sætter snor på hunden som logrer og viser, at den har fundet noget.

Hun er julemandens sekretær og ingen må opdage, at det er dét, hun er. Heller ingen må opdage, hvad hun er på udkig efter i dag. Hun skal sørge for, at alt fungerer efter børnenes ønsker og at alt er sat i system. Op til adskillige arme ligger ned langs ryggen under snedragten på hende og kan foldes ud, hvis det hele bliver for travlt. Det sker jo f.eks., at julemanden taber pakker fra sin kane i luften, og så er det hende, der skal gribe dem og have styr på, hvilke børn de er til, når han kommer tilbage for at hente dem. Der er meget, julemanden har alt for travlt til at holde styr på.

Men hvad laver julemandens sekretær dog i dag? Det er flere dage siden, det var juleaften. Rundt omkring ryger enkelte raketter til vejrs som en forsmag på fejring af det nye års kommen.

Faktisk ved ingen med sikkerhed, hvad hun laver, selvom man nok kan regne ud, at der er en masse, der skal ordnes og sættes i system efter en travl jul. Men pyt, der er heller ingen med undtagelse af julemanden og hans stab, der ved, at hun eksisterer.

Tiden har stået stille fra hunden stoppede op og fandt noget. Nu kører tiden igen. Manden tager dette noget op i hænderne. Det er en pakke, der ikke er blevet åbnet, fordi den slet ikke er kommet frem til modtageren.

- Av for den, udbryder sekretæren for sig selv, - det var den pakke, jeg kunne mærke, jeg skulle finde. Nu får jeg ballade. Ingen måtte opdage, jeg ledte efter den pakke.

Der lyder en torden hen over himlen.

- Kan de ikke snart holde op med alt det skyderi, siger hun frem for sig.
I det samme bliver hun klar over, at det

selvfølgelig er julemanden, der er vred. Hun griber sit magiske tryllesne og kaster det hen mod pakken, manden og hunden. Manden og hunden bliver indhyllet i sne. Da sneen lægger sig igen, er julemanden og en ren dukket op i stedet for.

- Denne her julepakke til Sigurd har været undervejs helt fra Sydpolen, og så overser du, at jeg taber den, siger julemanden. Renen står ved siden af og giver ham ret.

- Undskyld, jeg er frygtelig ked af det, siger sekretæren, idet hun omformer sig til de fem manglende rener, - men prøv at se, det er en nytårspakke og ikke en julegave. Pakken er under forsendelse med Post Danmark og skulle slet ikke have ligget i din kane.

De fem rener, hun nu er blevet til, får trukket den første ren og julemanden i luften og styrer ind mod byen. Tryllesne hvirvler igen omkring dem, og da den har lagt sig, står manden og hunden ved pakkeindleveringen i Kvickly.

- En god sekretær er uundværlig, mumler manden kryptisk og klør sig i skægget, da han overrækker pakken til videre forsendelse.

© **Flugt**

En pludselig indskydelse, hun ikke selv har
turdet forudse, gør, at hun lynhurtigt åbner
bildøren, hopper ned og triller ned ad skrænten
mod skoven. Så løber hun. De hvinende
bremser lyder i hendes ører. Der lyder skud.
Hun løber i zigzag mellem træerne og finder
et vildnis af grene, blade og jord, hun gemmer
sig under.

Da lyden af skridtene på de kvasende grene
og råbene holder op, og hun endelig hører bilen
køre igen oppe på vejen, bliver hun liggende
længe. Så løber hun videre mod havet, som
skoven skråner ned til.

Der lyder skud oppe fra skoven.
Måske er det hende, de har opdaget, måske er
det noget andet, de er efter. Måske er det slet
ikke dem.

Marehalmen skærer hende under fødderne.
De skarpe sten på stranden får blodet frem,

mens hun løber. Hun mærker ingenting. Kun angsten, der buldrer i hovedet i takt med, at adrenalinen pumper. Hun tager ingen chancer. Instinktivt lægger hun sig i en fordybning bag en af de klitter, der støder op til skoven. Gør sig usynlig med sand.

Hun må tilbage, finde menneskemængden, der er på flugt ligesom hende selv. Må videre mod grænsen til en ukendt verden. I håbet om tryghed.

- Hvad hedde du?

Hun vågner med et sæt. En lille dreng på omkring 4 år står et stykke fra hende og hælder sand i en spand.

-Du har vel nok fået mange skrammer, siger han imponeret, - jeg tror, min mor har en masse plastre, du hellere må få på.

- Syshhh ... jeg har gemt mig ... jeg leger skjul
... du må ikke fortælle, jeg er her.

- Heller ikke til mor og far?
Drengen hælder mere sand i spanden med sin
skovl.

- Nej heller ikke til dem, ikke før jeg har
fundet et andet gemmested.

- Hvor vil du så gemme dig?

- Jamen det er jo en hemmelighed. Er du stor
nok til at holde på hemmeligheder?

- Ja ja – selvfølgelig ... jeg er stor ... men jeg
må ikke snakke med fremmede. Er du
fremmede?

- Ja lidt, indrømmer hun, - jeg gemmer mig deroppe.

Hun peger på et vilkårligt sted.

- Ved du, at jeg har en kat derhjemme, der hedder Ole, men han måtte ikke komme med på stranden, fordi han ikke kan lide vand, siger min far.

- Nej det vidste jeg ikke. Sikke et fint navn din kat har.

- Ja mon ikke, han er også min aller bedste ven. Han er sådan én, man kan fortælle alting, og så går han ellers med mig alle de vegne, han vil, men bare ikke til stranden.

- Han lyder sørme sød.

- Det er han også. Der var bare engang, han var tarvelig, fordi mor blev gal og smed mig

udenfor. Jeg græd faktisk og ville trøstes, men
så slog han mig med poten på kinden. Det var
tarveligt, at han holdt med mor, synes du ikke?"

- Jo, sikke noget. Sagde du ikke til ham, at
det var tarveligt?

- Næ, men Ole har også slået sig selv engang,
fordi han var oppe at slås. Han mangler en pote
og synes, han skal have plaster på, men det får
han aldrig.

-Hvem snakker du med Christian?

-Syshh far, hun leger skjul ...

-Hvem, hvor?

- Men far jeg nåede slet ikke at tælle ...

© **Kommaet**

Dødsstraf ved hængning blev ophævet i 1892 i
Danmark. Siden har man fundet på mere
raffinerede måder at straffe folk på.
– Vi er jo ikke længere barbarer, udtaler
Debattør Niels Iversen.

Louise Marie Andersdatter blev dømt til døden i 1870 for fornærmende udtalelser imod sin faster. Det fortæller Sørine, som vi har besøgt i hendes hjem. Hun er en åndsfrisk lille, smilende kvinde på 84 år.

Marie Louise er Sørines tipoldefars lillesøster. Historien er fortalt fra generation til generation.

Sørines historie

Marie Louise havde udtalt sig utilstedeligt overfor sin faster og havde kaldt hende for en gås. Fasteren blev rasende og meldte hende til øvrigheden. Domstolen synes egentlig, at Marie Louise havde ret desangående, men da fasterens mand var venner med landsretsdommeren, dømtes Marie Louise til hængning.

Imidlertid appellerede Marie Louise gennem et brev til fasteren. Her skrev hun så inderligt undskyld for sit hidsige temperament og det grimme ord. Det var hårde ord i et skænderi, som ikke var ment. Selvfølgelig var fasteren ikke en gås, skrev hun. Fasteren blev rørt til tårer over niecens godhed og trak anmeldelsen mod hende tilbage.

Brevet med tilbagetrækningen af anmeldelsen nåede rettens 4. kontor. Herfra sendte man med bud en anmodning om benådning videre til fængslet, hvor Marie Louise netop var på vej mod skafottet.

Fængselsbetjenten, der modtog brevet, hvor der stod "Benådning" uden på konvolutten, råbte vagt i gevær og stoppede ceremonien, selvom der ellers var købt mange billetter til forestillingen.

I brevet stod der med hastigt skrevet bogstaver: "Benådes ej hænges."
Det var, hvad der stod.

Man enedes om, at sende buddet retur med besked om, at ordene, man havde modtaget, manglede et komma. Man ville vide, om det manglende komma skulle stå før eller efter 'ej', idet dette dog havde en vis betydning for Marie Louises fremtid eller mangel derpå.
Kort tid efter kom buddet tilbage med denne skriftlige besked:

"Da kontorrist Arnold Børgesøn er til frokost, må jeg i hans sted gøre opmærksom på, at syntaksten i dansk retskrivning udelukker kommaer i de tre ord.

På Arnold Børgesøns vegne jeres agtværdige
Rita Broksen."

Man samledes i fængselsdirektørens kontor og
hidkaldte flere for at vurdere og diskutere.
Tilskuerne nede på pladserne blev utålmodige.
Marie Louise sad og ventede og vidste
ingenting.

Tilskuerne kom ikke til at gå skuffede hjem.

© **Søvnløs**
(en tegnet hest)

Mapper. Har travlt med at sætte alt op i mapper
på computeren. Opdager at alle historier,
færdige som ufærdige, er sat i forskellige
mapper. Alt er med. Men hvilken historie er i
hvilken mappe? Det er uoverskueligt at kigge
alle de mapper igennem og endnu mere
uoverskueligt at se alle de historier igennem i en
mappe, man tilfældigvis åbner.

Der er også en ny historie, som endnu ikke er
skrevet. Den skal i en mappe, men hvilken? Er
der en mappe for endnu ikke skrevne historier?

Det er meget klart at søvnen ophører og
kalder på vågen tilstand med så stort et projekt.
Men nu bliver den vågne tilstand indfanget af
en tegnet hest, som ikke vil stå stille. Hver gang
søvnen er ved at indtræffe, kommer hesten frem
og gør sig lystig. Den fremviser forskellige
stillinger med ben, bevægelser og dansetrin.

Hov! Hør – nej nej. Hesten bliver påtrængende og står på min pude. Den spørger, hvorfor jeg ikke fanger den, når den nu har gjort sig så store anstrengelser.

Jeg rækker ud efter hesten, som kan være i min hånd, for større er den trods alt ikke. Den blinker til mig med store øjne under øjenlåg og øjenbryn. Det trækker op til konfrontation.

- Jeg lægger dig i en mappe under 'Hest', siger jeg, - Hvad siger du til ikke at blive fundet igen?

Jeg sætter mig op i sengen med et sæt. Hesten er vokset til normal størrelse. Den står foran mig på gulvet og ser bebrejdende på mig.

- Jeg mangler sko, påpeger hesten, - har du fuldstændig glemt, i dit forsøg på at tegne mig, at jeg skal have sko på?

- Det gider jeg altså ikke svare på, siger jeg,

- og herinde i mit soveværelse må du i hvert fald ikke have sko på.

Mit hjerte hamrer vildt. Hvordan skal jeg forsvare overfor nogen, uden at blive anset for at være utilregnelig, at jeg har en hest boende? Det er trods alt et anderledes problem end at have en hund, der ind imellem galper. Hvis hesten begynder at vrinske ud ad vinduet på min altan, vil nogen måske opdage, at jeg har en hest boende på 1. sal. Og hvordan får jeg hesten ned ad trapperne? For den skal vel ud engang imellem.

- Hvad hedder du, spørger jeg for at springe ud i det.

- Thorvaldsen, svarer hesten og blinker igen til mig under øjenlåg og bryn; - du er vel godt klar over, at hvis du afslører, at du har mig boende, vil du blive regnet for sindssyg i middelsvær grad, sandsynligvis med tvangsindlæggelse som en mulighed, siger den.

Det gumler jeg lidt på. Jamen det er en hest, der gumler. Ikke et menneske. Jeg ser ned ad mig og synes, der vokser hår og hove frem. Jeg anstrenger mig for at blive helt vågen. Når jeg ikke kan sove, må jeg da i stedet for kunne blive helt vågen og klar. Så samler jeg mig og siger:

- Du er ikke en rigtig hest. Du er en tegnet hest. Jeg har tegnet og skannet dig ind på computeren men har endnu ikke fået dig ind i en mappe.

Thorvaldsen er blevet tavs – ha, endelig!

Jeg vågner, bliver lysvågen. Computeren står og flimrer og venter tålmodigt på, at jeg rejser mig op. Jeg griber tegningen af Thorvaldsen med computermusen og maner ham tilbage på computerskærmen, hvor han hører til. Han kommer eftertrykkeligt i en mappe.

Ud af mappen lyder det:

- Det er den forkerte mappe; der står ikke 'Hest' på.

Jeg skynder mig at slukke for computeren.

(fors.)

Der lyder en vrinsken under mit vindue. Jeg går hen og kigger ned. Til min store forbløffelse forekommer det mig, at en hest galopperer afsted på græsplænen, mens to mænd i hvide kitler spæner efter den.

En blå blinkende hestetransport kommer kørende. Den er overbroderet med tegninger af hestesko.

Jeg stopper brat op, betaget af hesteskoene på bilen. Mine skoløse hove er begyndt at gøre ondt.

Mens jeg knejsende går forbi de måbende, paralyserede mænd med deres hvide kitler og mobiler, præsenterer jeg mig høfligt:

- Thorvaldsen, siger jeg, og træder op ad rampen og ind i bilen.